नज़रिया

भगवती प्रसाद पंत

मैं अंतर्मन की उन असीम संभावनाओं का बहुत आभारी हूँ जो खोजने पर ही मिलती हैं।

मेरी यह पहली रचना अपने दो नटखट बच्चों को समर्पित है जो संवेदनाओं का अपार श्रोत हैं ।

क्रम-सूची

क्रम-सूची

क्रम-सूची

पावती (स्वीकृति)

भगवती प्रसाद पंत पेशे से बैंकिंग और आईटी से जुड़े हुए हैं। गैर पेशे से कुछ साहित्य में रूचि रखने वाले हैं। वर्तमान में नोएडा में अपनी पत्नी और दो बच्चों के साथ निवास करते हैं।

नजरिया पुस्तक इनकी हिन्दी में प्रकाशित पहली पुस्तक है जिसमें समकालीन विषयों पर लिखी गई पचास छोटी कविताएँ हैं। यह सारी किताब मोबाइल पर लिखी गई हैं।

Facebook:https://www.facebook.com/bhagwati.pant

Instagram:https://www.instagram.com/pant.bhagwati/

LinkedIn:https://www.linkedin.com/in/bhagwati-pant-99aa72b/

E-Mail:bp.unix.85@gmail.com

Contact No:9711044057

भूमिका

खण्ड १ प्रेम और विरह को समर्पित है। प्यार,मोहब्बत, विरह, मिलन दुनिया में सबसे ज्यादा पढ़ा-लिखा जाने वाला लेकिन संवेदनशील विषय है। इसमें रचनात्मकता के साथ भावों को नए तरीके से पेश करने की चुनौती है।

खण्ड २ में समाज, सरकार, इंसानों, व्यवस्था पर कुछ हल्के, कुछ भारी व्यंग है। निराशा के पलों में कुछ प्रेरणा भरी कविताएँ संजोने का प्रयत्न है।

खण्ड ३ उन छोटी-मोटी वस्तुओं और जीवों को समर्पित है जो हमारे आसपास ही हैं पर जिन्हें हम आम जीवन में कम ही महत्व देते हैं ।

आमुख

जहाँ प्लूटो, ब्लैक होल प्रेम को ब्रह्मांड तक ले जाता है, वहीं चींटी का चाँटा, गीदड़ से दंगल, आँखों में थोड़ा उजाला भर लो, गुमशुदगी का इश्तिहार प्रेरणा दिलवाता है।

सरकारी रजिस्टर, लूट के टेंडर, सड़क के बीच गढ्ढा जैसी कुछ कविताएँ सरकारी सिस्टम पर व्यंग हैं।

चूइंग गम, उड़ता पौलीथीन, हिडन फोल्डर, जूँ तू कहाँ गई , डायनोसोर आने वाले हैं, आफिस का प्रिंटर कुछ एसे विषय हैं जो विचारों को नए आयाम देते हैं ।

खण्ड १

पूछा था,कुर्बानी क्या है?

इसका पूर्ण विस्तार करो!

मैं 'प्रेम तुम्हारा' लिखकर,

कलम वहीं पर तोड़ आया।

-जीवन का प्रश्न पत्र, पेज 19

1. तुम बिन जीवन

तुम बिन जीवन कट जाएगा,
ऐसी है उम्मीद, प्रिये!

पत्थर हृदय रख हम जो,
अपनी राहें चल दिए।

छिपा दिया मैंने अपना पत्थर,
जिस जगह हम बिछड़ दिए।

छुआ मन, अब अनछुआ रह जाएगा,
हँसी होगी जीवन में,मजा न रह जाएगा।

बहाने हजार, खुश रहने के,
तुम भी बहुत बनाओगी।

सजे गहनों में, आखों की चमक,
बोलो कहाँ से लाओगी?

द्रुत समय गाड़ी में,अंत समय
कब आया?ये जान ना पाओगी।

हटा अपने दिल का पत्थर,

फिर उसी, जगह पे आओगी।

मेरे ना मिलने पर,
यूँ घबराना, ना प्रिये!

मेरा हृदय और मेरा पत्थर,
तुम्हें वहीं मिलेगा, ओ प्रिये!

मुसकाता तारा बन नभ से,
देख रहा हूँगा मैं ये सब,
पहचान मुझे तो जाओगी।

आतुर मुझसे मिलने,
अपनी चिता वहीं बनाओगी।

रोने की बात क्यूं?
प्रेम यह शाश्वत रहेगा,
है मुझको अभिमान, प्रिये!

तुम बिन जीवन कट जाएगा,
ऐसी है उम्मीद, प्रिये!!

2. प्लूटो

हे प्लूटो!बौना कहकर तेरा,
भरी बिरादरी उपहास हुआ।

ग्रह परिवार, सौर मंडल से भी,
तेरा अपमानित निकास हुआ।

मेरे प्रेम को छुद्र बतानेवालों से,
धरती पर मेरा भी बहुत विवाद हुआ।

दुनिया के रीति-रिवाजों में उलझकर,
हमें बड़ा अवसाद हुआ।

सूरज की आँखों-सी दुनिया से छिपकर,
अब वो मुझसे मिल ना पाएगी।

प्लूटो तेरी धरती, वो मेरी,
दुल्हन बनकर आएगी।

ठंडी सतहों को तेरी हम,
प्रेम की धूप दिखाएँगे।

तुझे भिगोने,संग वियोग भरी,

आँसू की गागर भी लायेंगे।

इल्जाम लगा है तुझपर,
तू अपने समीप कण खींच न पाता है।

सौभाग्य हमें सौ प्रकाश बरस दूर,
तू हमें खींच लाता है।

बस तुझ तक आने का,
इक विमान बनाना बाकी है।

कोई खोज ना पाये हमें,
ऐसा विग्यान बनाना बाकी है।

बस तू अपना अस्तित्व बचाये रखना,
हम आयेंगे, यह भरोसा बनाये रखना।

3. ब्लैक होल

आँखों में स्थान जहाँ,
मैं भी,वक्त भी थम जाए।

देर से आने,जल्दी जाने की,
प्रथा यहीं खत्म हो जाए।

तुझसे मिलने की ऐसी,
कोई युक्ति बनाता हूँ।

आसमान बीच,ब्लैक होल में,
इक टेबल बुक कराता हूँ।

तारे, ग्रहों, अनंत प्रकाशों में,
तेरे खत,तुझे पढाता हूँ।

बिखरी यादें की संदूकें,
तुझसे ही खुलवाता हूँ।

आसमान बीच,ब्लैक होल में,
इक टेबल बुक कराता हूँ।

मोबाइल में लोकेशन भेज,

उस जगह तुझे ललचाता हूँ।

आनलाइन इस दुनिया में,
इक औफलाइन कुर्सी लगाता हूँ।

आसमान बीच,ब्लैक होल में,
इक टेबल बुक कराता हूँ।

रोज-रोज हाथ छुडाकर जाना तेरा,
दुनिया के भय से,डर जाना तेरा।

कैद तुझे अब करने ब्लैक में,
इक षडयंत्र रचाता हूँ।

आसमान बीच,ब्लैक होल में,
इक टेबल बुक कराता हूँ।

4. धुँए की बदली

ये धुँए की बदली,
जो आसमान से उतर,
पहाड़ों पर छा रही है।

कुछ फरिश्तों,परियों,
का सफेद नकाब बन,
उन्हें धरती पर ला रही है।

टिन की छत पर टनटनाती बूँदें,
उनके नीचे छिपते आवारा कुत्ते,
किसी आहट से दुम हिला रहे हैं।

सड़क पर भीगते बकरी के बच्चे,
कीट पतंगों, परिंदों के उदघोष,
रूहें को सम्मान जता रहे हैं।

गढ्ढे भरकर अब ताल हो रहे हैं,
पानी का रिसना,झरना हो रहा है,
रूहों का जल स्नान तैय्यार हो रहा है।

पत्ते का हिलते हुए संदेश है,
कि पेड़ों के झुरमुट में,

फरिश्ते अलाव बना रहे हैं।

इन सबसे अंजान आदमी,
चाय की चुस्कियाँ बना रहा है।
शटर बढ़ा रहा है,भाग रहा है,
धुँध में गाड़ी भिड़ा रहा है।

इक हवा मेरे कान में यूँ कह गई,
मेरी चाय बस गले में ही रह गई,
वह मुझे भी ले जाने आए हैं!

शायद पिछली बार टिन के नीचे,
मैं कुछ खत कुत्ते के लिए बिछा आया था,
उस गढ्ढे को अपना अक्स,
कुछ फोटो भी दिखलाया था।

बकरी के बच्चे को गोद में,
लेकर घास भी खिलाई थी,
झरने की झुल्फें भी सहलायीं थीं।

मैं भी चाय छोड़,हवा के साथ चल दिया।

5. खोटा सिक्का

नायाब सिक्का,कहकर कभी तुमने,
अपने बटुए में मुझे प्रेम से दुलारा,संभाला था।

फिर कुछ नकली गहनों का स्थान बनाने बटुए में,
खोटा कहकर,मुझे पुलिया से नदी में डाला था।

डूबते-डूबते मैंने कई बार तुम्हें पुकारा भी,
गहनों की ललक में,तुमने मुझे वहीं नकारा था।

फिर इक चुम्बक से चिपक कर बाहर आ पाया हूँ,
इस नदी की तलहटी में कई साल गुजार आया हूँ।

कई कोशिशों, बाजारों के नकली रंगों से,
स्वयं को चमकीले गहने में ढाल पाया हूँ।

आज तुम कुछ जेवर देखने आई हो,
मेरी चमक देख चकित,ललचायी हो।

मैं कौन,मुझसे अंजान प्रतीत-सी हो,
मुझे खरीदने ऊँचा दाम लगा भी आई हो।

धूप, बारिश में मेरा रंग उतर कभी तो जाएगा,

झूठा पानी कब तक जिस्म ढक पाएगा।

शायद तुम्हें तब अहसास होगा,
कि खोटा कौन है?
मैं या तुम।

6. बिना टिकट सफर

आज बिना टिकट रेल सफर कर रहा हूँ,
पहली बार है,थोड़ा डर रहा हूँ।

कमोड के पास एक घंटे से खड़ा हूँ,
कौन सीट पर जगह है, यह मढ़ रहा हूँ।

कुछ शहंशाह की तरह सीट पर फैले हैं,
किसी की सीट पर बड़े-बड़े थैले हैं।

हिकारत से कुछ नजरें मुझे देख रही हैं,
जैसे मैं जेबकतरा, उनके लिए खतरा हूँ।

कोई एक इंच भी ना देने को तैय्यार है,
शायद हम सीट वालों का यही व्यवहार है।

टीटी आए तो, सीट के जुगाड़ का प्लान है,
दूरी है,यात्रा जरूरी है,समय नहीं आसान है।

तुम मेरे जीवन का वैधानिक टिकट थी,
पर तुम बिन भी जीने की लाचारी है।
सफर तो कट ही जाएगा जैसे-तैसे,
पर इज्जत कम, मसक्कत बड़ी भारी है।

7. मन मेरा रबर बैंड

रबर बैंड-सी लचीली चाहतें मन की,
खींचो तो,खिंचती चली जाती हैं।

कभी अपनी ही गाठों में उलझती हैं,
छल्ले-सी उंगलियों में कभी लिपटती हैं।

सबको बाँधे रखने की भावना है,
कई रंगों में दिखने की कामना भी है।

हसरतों का राकेट लगाकर मैंने,
इच्छाएँ दूर-२ उड़ाई भी हैं।

कहीं अटक-चटक टूट ना जाए,
यह अनवरत आशंका भी है।

गरमी में गलने से बचाया है,
ठंड में भी पालतू-सा दुबकाया है।

तेरे बालों में लिपटने का जी है,
गुम हो जाने की चाहत भी है।

टूटने के भय से छिपता रहता है,
मन अपनी सीमाएँ ढूँढता रहता है।

8. बाँध में दरार

सुना है!
घनघोर बरसात हुई,
जनता घबराई है।

पहाड़ी पर बाँध में,
छोटी दरारें आई हैं।

कुछ मूसलाधार यादें,
बिसरी बातों की बिजली।

मेरे मन के बाँधों में भी,
जोरों से कड़कड़ायी हैं।

भावनाएँ अस्त व्यस्त सी,
अकुलाई,घबराई हैं।

मानसिक आपदा-प्रबंधन,
व्यवस्था चरमराई हैं।

मजबूरियों के चूने वाली दीवारें,
मजबूत कहाँ रह पाती हैं।

हवाई निरीण की व्यवस्था,
तब कोई काम न आती हैं।

कुछ पल भूकम्प से हैं,
जब-जब वापस आते हैं,

कई बाँधों में बवाल मचाते हैं।

9. जीवन का प्रश्न पत्र

मैं जीवन के प्रश्न पत्र में ,
कुछ प्रश्नों को छोड़ आया।

प्रश्न था,
दुनिया में बेशकीमती कौन है?
हीरा,पन्ना या केसर?
'माँ' विकल्प ना दिखने पर,
मैं उत्तर रिक्त छोड़ आया।

प्रश्न था,
सबसे घातक,जहरीला क्या है?
साइनाइड,पोलोनियम या हलाहल?
'नफरत' विकल्प ना मिलने पर,
मैं उत्तर रिक्त छोड़ आया।

प्रश्न था,
जीवन में सफलता क्या है?
दौलत,शोहरत या ताकत?
'इंसानियत' विकल्प ना छपने पर,
मैं उत्तर रिक्त छोड़ आया।

प्रश्न था,

बच्चों के बचपन में क्या रखना है?
मोबाइल,साइकिल या खिलौने?
'मासूमियत' विकल्प ना होने पर,
मैं उतर रिक्त छोड़ आया।

अंतिम प्रश्न कुछ अलग था!

पूछा था,कुर्बानी क्या है?
इसका पूर्ण विस्तार करो!
मैं 'प्रेम तुम्हारा' लिखकर,
कलम वहीं पर तोड़ आया।

10. वो फिर नहीं आएगी

अगरबत्ती-सा धीमा सुलगाकर,
चिंगारी छोड़ गई, वो मेरे सीने में।
यह तपिस धीमे-२ ही मुझे राख बनाएगी,
वो फिर नहीं आएगी।

हाँ!दरिया ही था प्रेम हमारा,
जो कटोरे भर,उसने ढक रखा था।
यह चिलचिलाती धूप उसे सुखाएगी,
वो फिर नहीं आएगी।

मिट्टी के कुछ उसके रंगीन से तोहफे,
इन घोर बादलों से घिरने लगे हैं।
यह तेजाबी बारिश इन्हें गलाएगी,
वो फिर नहीं आएगी।

सौ झूठ बोल वो आती थी मुझसे मिलने,
खुरचा करती अरमान कुछ पत्तों पर।
यह ठंडी बेरुख हवा,पत्ते दूर उड़ाएगी,
वो फिर नहीं आएगी।

इक चोट लगे तो,आसमान सर उठा लेती थी,
अब सौ जख्म सीने में लिए फिरते हैं।
कोई उनपर,कैसे उनपर मरहम लगाएगी,
वो फिर नहीं आएगी।

11. खुशियों की एफडी

जीवन में एक नया अकाउंट खुलाना है,
तुम संग एक एफ-डी कराना है।

थोड़ा-थोड़ा हर साल जमा करेंगे,
ब्याज का भी लंबे समय इंतजार करेंगे।

करोड़ नहीं, कुछ दस उम्मीदों को सजाना है,
अनजानी दो तस्वीरों को साथ, फार्म में चिपकाना है।

दोनों के भरोसे का इक मजबूत लौकर होगा,
जिसका कोई न मालिक, ना कोई नौकर होगा।

दोनों को आहिस्ता ही अमीर बनाना है,
तुम संग एक एफ-डी कराना है।

12. अब तू ना आना

अब तू ना आना!
दीवारों पर अब मैंने पीला रंग चढ़ा रखा है,
सफेद कबूतरों को भी छत से उड़ा रखा है।

तेरी मीठी बातें सारी झूठ मान चुका हूँ,
खाली जगहों पर बंद संदूक सरका चुका हूँ।

जहर जहर,कतरा रोज जाम लगा बैठा हूँ,
अपनी खिड़की पर हरदम शाम बिठा बैठा हूँ।

तू जो आई तो!
दीवारों पर अपना नाम ढूँढ ही लेगी,
कबूतरों को अपने संदेशों का काम भी लेगी।

यह कड़वा जाम फिर मीठा-सा हो जाएगा,
सूरज भी खिड़की पर खड़ा लटक जाएगा।

तेरी बातों पर यकीन की मुहर लग जाएगी,
संदूक में रखे खत तेरे, मुझसे ही पढ़वाएगी।
अब तू ना ही आना!

13. आदत

इक रोज पूछ लिया उनसे हमने!
उन्हें अब भी कुछ मोहब्बत-सी है?

वो बोली मुस्कुराते कि नहीं,
बस हमारी वही इक आदत-सी है।

सजदे बदल लिये उनने लेकिन,
मोहब्बत उनकी बड़ी जिहादी-सी है।

टहनी छूट गईं जो लिपटी थी मुझसे,
जड़ को जोड़ने की हिम्मत-सी है।

नशा भरा हुआ उनके प्यालों में,
कुछ जहर की फिर उन्हें जरूरत-सी है।

आइना चमक रहा कमरे में उनका,
काँचों में चुभने की उनकी चाहत-सी है।

मुकदमा हार गए बरसों पहले जो अपना,
तारीख नई लगाने की कुछ नीयत-सी है।

तमाम झूठे वादे जानते थे हम जिनके,
फिर भी यकीन रखना,अपनी मोहब्बत-सी है ।

खण्ड २

इन काली सफेद किताबों में लिखा हुआ,

सबसे बस मतलब का धंधा करना है।

टुकड़ों में ही जीना, सपनों पर ही मरना है।

-सफलता की किताबें,पेज 64

14. वानर बन जाऊँ

रूप धरा मानव ,कुछ काम जगत ना आता हूँ।
अपने भरण में सारी उमर गवाता हूँ।
निरर्थक जीवन ! क्या ऐसे ही मर जाऊँ?

हे प्रभु, अगली बारी
श्रीराम सेना का इक छोटा सा वानर बन जाऊँ।

रूप-धन पे इतराता हूँ,अब युद्ध क्षेत्र
लाल मुखी बन,सारी वानर सेना में मिल जाऊँ।
अहम-वहम बीच घिरा कुमित्र ही पाता हूँ,
अब रीछ,गिलहरी,भालू सुमित्र बनाऊँ।

हे प्रभु, अगली बारी
श्रीराम सेना का इक छोटा सा वानर बन जाऊँ।

लंका विध्वंश किया जिस कपि ने,
उस महावीर की पूँछ सम कुछ कर पाऊँ।
छुट्टियाँ बहुत हुईं गोवा में,
अब राम नाम का पत्थर डाल,रामेश्वरम् में तर जाऊँ।

हे प्रभु, अगली बारी
श्रीराम सेना का इक छोटा सा वानर बन जाऊँ।

जीवन बीता,ना समझा,कैसे? बुढापे की दस्तक सुन पाता
हूँ,
तीर, भाला लगे किसी असुर का,
या लड़ते-लड़ते पत्थर से दब जाऊँ।

हे प्रभु, अगली बारी
श्रीराम सेना का इक छोटा सा वानर बन जाऊँ।

दुनिया के दानव कितने-काम,क्रोध,मोह,माया,
इन पर विजय ना पाई मैंने।
अब युद्ध क्षेत्र में कुंभकर्ण को लात,
रावण को झापड़ तो कस आऊँ।

हे प्रभु, अगली बारी
श्रीराम सेना का छोटा सा वानर बन जाऊँ।

15. अव्वल नंबर

अव्वल नंबर की लालसा में,
कोई प्रथम,कोई द्वितीय स्थान है पाता।

पर तृतीय स्थान वाला,
वो कुछ उपेक्षित-सा रह है जाता ।

महत्ता तीसरे की बताता हूँ,
तीन-तिगाड़ा काम बिगाड़ा नहीं होता,
ये दिखलाता हूँ।

पति-पत्नी मधुर संबंध में,
वो "तीसरा" तकरार है लाता।

"तीसरी" दुनियावासी,अब भी,
"तीन" जून रोटी हैं जुटाते।
दो विश्व युद्ध से बचे,
"तीसरे" से घबराते।

"तीसरी" डिग्री हवालात में,
सत्यवचन है बुलवाती।
"तीन" पहिए वाली ही आटो ,
घर है पहुचाती ।

गर्व दिलाता "तिरंगा" अपना,
सड़क नियम "तीन बत्तियाँ" याद दिलाती।

"तीन तलाक", राजनीतिक बवाल बड़ा,
"तीन बंदर" गाँधी के मुँह हैं चिढ़ाते।
"त्रिभुज" रहस्य बरमूडा का,
वैज्ञानिक ना सुलझा पाते।

"त्रिलोक","त्रिदेव" ब्रह्मांड चलाते,
"त्रिनेत्र" प्रलय हैं लाते।
बेल पत्र के "तीन" पत्र,
महादेव को भाते।

"तेरह" मनुष्य में छिद्र,
"तेरह" मत्युपरांत समापन दिवस क्रियाऐं।

"तीन" चाहे हो अकेला,
या "तेरह" में मिल जाए।
सब जीव-कर्मफल,
"तीन" क्यों कोसा जाए?

हर इक-अंक-पद महत्ता अलग,
"तीन-तेरह" अंक से चलता है संसार
"तीन तिगाड़ा काम बिगाड़ा" नहीं होता,
ये भ्रांति है बेकार ।

16. बाल मन

बाल मन, अभिनय बड़े,
जाने कितने किरदार गढ़े ।

छत पर चलता पंखा काबू करने,
'यांत्रिक' मन ,डंडा-पंखा तोड़ जाता।

मधुर घंटी दरवाजे, 'संगीतकार' मन को भाती,
जिसे चलाने घंटों,बिजली-घंटी फुक जाती।

खड़िया,पाउडर से चमका सफेद जूते,
पंद्रह अगस्त को 'देशभक्त' मन खुश होता,
उनके मैले होने पर, रोता-छिप जाता।

'कलाकार' मन माँ की गुल्लक सजाता,
फोड़ने पर वो गुल्लक,गुस्सा हो जाता ।

'खिलाड़ी' मन क्रिकेटर बनने को,
जिसका-बल्ला उसकी-गेम चलाता।

कभी-कहीं किसी से भिड़ने पर,
'सामाजिक' मन उसको जिगरी दोस्त बनाता।

होमवर्क ना करने पर, 'अदाकार' मन,
बीमारी-ऐक्टिंग के रिकार्ड बनाता।

अब जीवन पड़ाव में, 'मजबूर' मन नौकरी जाता,
हाकी, बौल, निकर, लूडो, घर कोनों दुबका पाता।
'मक्कार' मन अब कपड़ों पे इतराता।

मन कहता, कुछ पुराने किरदार गढ़,
बड़ा सयाना हुआ, पोथी पढ़-पढ़ ।

भूल गया बालक 'निश्छल' मन 'अनपढ़'।

17. गीदड़ से दंगल

कैमरा लटका कंधे,
निकला मैं, शेर खोजने जंगल।
गीदड़ देख,मार पत्थर,
हो गया इक दंगल।

गुर्राते गीदड़ ने,
रखे असहज सवाल।
तुम शहरी गीदड़,
हो हमसे भी कंगाल ।

हम सड़ा मांस खाते,
नरभक्षी ना कहलाते।
शहरी,तुम नरभक्षी,
जिंदा इंसान निगल जाते।

हम सामाजिक,आवाजों से,
आने की आहट देते।
तुम दुबके पैर, पीछे,
छुरा घोंप निकल जाते।

गीदड़ भभकी से बदनाम हम,
तुम भभकियां दे,

लड़ने से घबराते ।

चेहरा,दुम,दाँत एक हमारे,
कई चेहरे,दाँत तुम्हारे,
जो मतलब,दूसरों पे तुम गढ़ाते।

कहते, मौत गीदड़ की जब आती,
वो शहर तरफ है आता,
क्यों ना हम मारे जाएँ,
शहरों जब मानव पाया जाता।

सड़ा मांस तुम्हारा मिलने पर,
खुश ना हम हो पाते,
शरीर का जहर तुम्हारे,
ना हम पचा पाते।

हम गीदड़ बन ही खुश,
तुमसे कतराते।

18. आँखों में थोड़ा उजाला भर लो

हालातों से उठ लड़ो सब,
पैर पथरीली भू पर धर लो,
सीने में रक्त वेग बढ़ाकर,
आँखों में थोड़ा उजाला भर लो।

धर्म उन्माद यहाँ,कटते लोग जहाँ,
बम धमाकों का प्रत्युत्तर, तोप ही होगा,
यह सार्वजनिक एलान कर लो।
आँखों में थोड़ा उजाला भर लो।

मानसिक गुलामी,सदियों हीन दशा,
अब गर्व से उठ खड़े होकर,
आत्म सम्मान का एक प्रहर लो।
आँखों में थोड़ा उजाला भर लो।

जीत हम पाएँ कहीं भी,
मेल हो या खेल हो,
ऐसी तरकीबों का खुद हुनर लो।
आँखों में थोड़ा उजाला भर लो।

जात पात में पिसा प्रेम जहाँ,
नारी को मिलता सम्मान कहाँ,
प्रेम सफल हो,ऐसा संकल्प कर लो।
आँखों में थोड़ा उजाला भर लो।

19. गुमशुदगी का इश्तिहार

गुमशुदगी का इश्तिहार पढ़कर,
सहसा मुझे याद आया।
रंग गेहुँआ,चमकीले कपड़े,
यही शख्स कल मुझसे टकराया।

जिम्मेदारी के बोझ में जैसे
उसकी आँखें भर आईं थीं।
शायद उसकी अब तक,
कोई नौकरी ना लग पाई थी।

शायद उसका बटुआ कहीं,
सड़क पर खो गया था।
या आटो का भाड़ा सुन,
वो पैदल ही हो गया था।

आँखों में कुछ अँधेरा-सा,
भरकर भी लाया था।
शायद किसी से मोहब्बत में,
बिछड़कर वो आया था।

आज उसकी खोज में,
उसी जगह पर जाता हूँ।

शायद वो मिल जाए तो,
ढांढस उसे बँधाता हूँ।

थोड़े संयम,साहस,मेहनत
की उसे जरूरत ही होगी।
माँ उसकी दरवाजे की चौखट,
पर आँख टिकाए भी होगी।

आज गुमशुदगी की खबरें हैं,
अखबारों में जिसकी।
कल कामयाबी इन्हीं अखबारों,
से प्रकाशित होगी उसकी।

20. वो पगली-सी औरत

सिग्नल पर जब भी कार ठहरती है,
दो बच्चे गोद में लिये, वो पगली-सी औरत,
मेरी कार की विन्डो से दिखती है।

उसके कुछ बच्चे दूसरी सड़क पर लड़े हैं,
हर धीमी होती गाड़ी के पीछे दौड़ रहे हैं,
नंगे बदन,भूखे,नसीब के खोटे पड़े हैं।

औरत होना उस औरत का एक श्राप है,
हाथ फैलाना,गिड़गिड़ाना उसका जाप है,
उसके जीवन का मालिक,उन बच्चों का बाप है।

औरत की मजबूरी है अल्लाह की नेमत मान,
बस मजबूरी में बच्चे पैदा करते जाना,
सड़कों पर फिर किस्मत के हाथों छोड़ आना।

उस जैसी कितनी बच्चे पैदा करने,
की मशीन बनकर हर शहर रहती हैं,
सलमा,कलमा को सीने से दुबकाए,
कहीं धूप,किसी बरसात में भूखी मरती हैं।

21. टीले पर बकरी

उस पथरीले टीले पर बकरी,
घास खोजती ऊपर पहुँची है।

इतनी ऊपर चढ़कर शायद अब,
नीचे वो कभी ना मुड़ पाएगी।

लड़खड़ाते पैर और गिरने की खैर,
पेट की खातिर,फिसलकर मर जाएगी।

हम भी कोई ना कोई,कहीं पर,
किसी टीले पर बढ़ रहे हैं।

मुँह में घास भरी है अपनी लेकिन,
पेट में और अधिक भर रहे हैं।

हरी घास के लालच में सब,
रिश्ते, सेहत पीछे छोड़ रहे हैं।

मैं मैं करते ,मैं की खातिर,
अपने टीलों पर लटक रहे हैं।

22. शराबी दोस्त

बात नई है,लेकिन पुरानी भी है,
सच्चाई है,कहानी भी है,बतानी भी है।

हम बचपन के दोस्त पढ़ रहे,बढ़ रहे थे,
नई नादानियाँ,नई चालाकियाँ मढ़ रहे थे।

कल्पना की जीभ हम सब में निकल आई थी,
पर एक दोस्त ने जीभ में चरस लगाई थी।

हमारी किताबों में जब गुलाब-कली खिलती थी,
उसकी जेबों में रजनीगंधा भरी मिलती थी।

जब हम सपने बुन हवा में उड़ा रहे थे,
धुँआ उसके फेफड़े धीरे-धीरे सड़ा रहे थे।

बुरी आदतें हम सबने कुछ-कुछ पाली थी,
पर उसने आदतें नशे को सौंप डाली थी।

सुधरने के मोड़ पर, हम थोड़ा सुधर गए,
उसके दिन बदतर हुए,हमारे कुछ निखर गए।

हमारी, माँ-बाप की कोशिशें भी नाकाम हुई,

उसकी बहन भी,शराबी के नाम बदनाम हुई।

हमारी दोस्तियाँ भी खास से आम हुई,
इक रोज,उसके जीवन की अचानक शाम हुई।

जीवन नें कठिनाइयों का अपना अंबार बड़ा है,
और इसमें नशे का काला व्यापार खड़ा है।

23. सरकारी रजिस्टर

आज कबाड़ वाला,कबाड़ से चुनकर,
कुछ सरकारी रजिस्टर दिखलाने लाया है,
सरकारी योजनाओं का असली चेहरा बताने आया है।

जो सड़कें वास्तव में अब भी टूटी पड़ी हैं,
उन सड़कों की कागजों पर डामर लगी है।

जो पुल कब से बेबस हादसों को खड़े हैं,
उनकी कागजों में मरम्मत भी हो चुकी है।

एक बुढिया दफ्तर पे नाक रगड़े पड़ी है,
उसके बूढ़े की पेंशन कोई और खा रहा है।

सामूहिक लूट के सिस्टम बनाकर कोई,
मुफ्त बिजली,पानी के कार्यक्रम बना रहा है।

बिना दवाई, इलाज,आक्सीजन मरीज मरे पड़े हैं,
कागजों में अस्पताल सुविधाओं से भरे पड़े है।

भिखारी मसजिद बाहर, भूख से बिलबिला रहे हैं,
मौलवी मुफ्त में अंदर तनख्वा पा रहे हैं।

गरीबों को मुफ्त राशन,मुफ्त पढ़ाई हो रही है,
पर राशन की कालाबाजारी में सुविधा खो रही है।

कुछ लोग श्रृगाल, बन सिस्टम से जगह-जगह,
अपना अपना हिस्सा लूट-खसोट रहे हैं।

इन लोगों से वह कबाड़ी ही बेहतर है,
जो समाज से कबाड़ उठाते हैं।

कुछ सरकारी दीमक योजनाबद्ध तरीके से,
देश को कबाड़ बनाते हैं।

हर रजिस्टर के पहले पन्ने पर भारत की लाट बनी है,
पर अन्दर देश,समाज लूटने की बाट सजी है।

24. शहर डूबे हैं

यह शहर,हर शहर डूबा है,
मौनसून है,सब मौन हैं।

यह सैलाब सालाना है,
सड़क,गाड़ी,घर जलमग्न होते हैं,
हम सब बस दो महीने रोते हैं।

जनता भी सोई रहती है,
झूठे वादों में खोई रहती है,
व्यवस्था बेशरम होई रहती है।

कोई सुनियोजित मास्टर प्लान नहीं,
कोई सफाई अभियान नहीं,
समस्या का निर्धारित समाधान नहीं।

मौनसून अगले साल फिर आएंगे,
इंद्रदेव तो जरूर पानी बरसाएगें,
अगले साल फिर हम डूब जाएंगे।

25. असुविधा के लिए खेद है

क्षमा जताता सिस्टम हरदम।
दैनिक कार्य संचालन में,
कितने मनमाने छेद हैं।

रेलवे,हवाई,बस स्टेशनों में,
हरदम यही घोषित होता।
देरी होने से यात्रियों को,
असुविधा के लिए खेद है।

रेल,बस समय पर ना आना,
आरंभ में देरी,देरी से पहुँचाना।
सिस्टम के भीतर समय,
की पाबंदी से कैसा मतभेद है?

अफसरों का टेंडर आवंटन,
कमीशन लिप्त,रौब दिखाना।
अनुशासन से उदासीन रहकर,
जिम्मेदारी दूसरों को सरकाना।

देरी को एक सामजिक,

राष्टीय प्रतीक बनाना।
यह बना लापरवाहों का,
एक व्यापक राष्टीय खेल है।

हरदम यही लिखित चमकता,
देरी होने से यात्रियों को,
असुविधा के लिए खेद है।

26. चींटी का चाँटा

उदास-बदहाल देख मुझे,
चींटीं ने पूछ लिया हाल।

बोली, ईश्वर के प्यारे!
तुम थोड़े में घबराते।
आशा,परिश्रम छोड़,
फंदे गले लगाते।

साथी के कुचलने पर,
शोक भी ना मनाती।
लक्ष्य साध,सीधी कतार,
चलती जाती।

बिना फेफड़ों जीती,
अड़चन हो कोई।
ऊपर-नीचे,दाएँ-बाएं,
राह निकल जाती।

गर्मी में सर्दी का,भंडार बना।
तीस गुना वजन उठा,
मस्तीं में,चलती जाती।

चींटी की बातें सुन,
लगा जोर का चाँटा,
अपनी ही कमजोरी ने हमें,
टुकड़ों में बाँटा।

27. पंच तत्व

आकाश-सी संभावनाएँ समेटे,
लक्ष्य चूमने, उड़ान लगाओ ।

जल-सी अनंत तरंगें बटोरे,
गहरे गोते बनाओ।

पृथ्वी-सा निर्माण भरकर,
फसल परिश्रम की उगाओ।

अग्नि-सी,प्रज्वलित शक्ति आतुर,
अपनी कमजोरी गलाओ।

प्राण वायु-सी, प्रेरणा भीतर,
स्वच्छंद मुस्कान बिखराओ।

मिलती सफलता उसको,
मेहनत जो करता जाता।

आज भले बेकार वो,
कल बेहतर करना आता।
पंचतत्व से प्रेरणा जो लेता,
वो निश्चय सफल होता।

28. जीवन का रिवर्स गियर

चार गियर अग्रभाग,
एक रिवर्स गियर लगाती है।

जीवन की गाड़ी भी,
हमें ऐसे ही टहलाती है।

विचार करो,यदि जीवन में,
चार रिवर्स गियर हो जाएं,
जीवन सम्मुख बढ़ ना पाएगा।

मंजिल की सड़कों में यदि,
असमंजस हो,बाधा हो,
या कमजोर इरादा हो।

उस पल एहसासों,उम्मीदों,
कष्टों,सीखे सबकों का,
रिवर्स गियर काम तो आएगा।

एक कदम पीछे लाकर,
सही रूट में जो,
मीलों आगे ले जाएगा।

गियर बदलकर चलिए,
और इक छोटा-सा,
रिवर्स गियर भी रखिये।

29. लूट के टेंडर

फिर कोई नया टेंडर निकला है।
रिक्त पदों में चेलों को भरने,
सुनियोजित अभियान हुआ है।

फिर कोई नया टेंडर निकला है।

सडक बनाने,गढ़ढे भरने,
कुँआ खोदने,बिजली पहुँचाने,
चारा बाँटने, कोयला खोदने का
नकली प्लान निकला है।

फिर कोई नया टेंडर निकला है।

सबके स्वास्थ्य,साफ पीनी,
इंटरनेट दिलाने,मकान बनाने,
भूख मिटाने के बहाने,
जीभ फैलाए, लूट-खसोट
का दैत्य महान निकला है।

आज फिर कोई टेंडर निकला है।

हथियारों के सौदों में,

देश बेचने गद्दारों का,
अभियान निकला है।

फिर कोई नया टेंडर निकला है।

कभी ना भरने वाले,
भ्रष्टाचारी पेट का प्रेमी,
'निविदा' रूपी भगवान निकला है।

फिर कोई नया टेंडर निकला है।

30. भय का व्यापार

टीवी पर प्रायोजित नफरत फैली,
टी आर पी का व्यापारी संसार है
धर्म में सबको डरा-बाँधकर रखा हुआ,
जिहाद का फैला खूनी कारोबार है।

यह सब भय का व्यापार है।

रिश्ते बस तोले जाते रूपयों में अब,
बेवफ़ाई से होते हरदम तार-तार हैं।
कमजोरों का जबरन देह व्यापार भी है,
कमाई में भारी टैक्स की मार है।

यह सब भय का व्यापार है।

जरूरी दवा कालाबाजार हुई ,
बिन दवा मरते लोग लाचार हैं।
सच छुपाना,झूठी रपट लिखा जाना,
कचहरी की सालों लंबी कतार है।

यह सब भय का व्यापार है।

किसको पचता शुद्ध खाना अब,

मिलावट का अपना संसार है।
जंगी जहाज के कल-पुरजे बेकार पड़े,
लेकिन दुश्मन अंदर-बाहर हजार हैं।

यह सब भय का व्यापार है।

जरूरतें बस खाना,छत,पढ़ाई,दवाई,
इनका मिलना भी बहुतों को दुश्वार है।
जनता इन सब में दबी घुटी हुई,
अपनी गाड़ी घिसने को लाचार है।

यह सब भय का व्यापार है।

कारोबारी लूटने की तरकीब बनाते।
नेता सरकार बनाने के जुगाड़ में,
करोड़ों में बिकते मक्कार हैं।

यह सब भय का व्यापार है।

31. सड़क के बीच गढ्ढा

सड़क के बीच गढ्ढा,
सार्वजनिक लूट का प्रमाण है।

सुना है कल इसमें फँसकर,
स्कूटर का पहिया टूट गया।

इक बुढ़िया इसमें रपट गई,
नन्हे बालक का पैर टूट गया।

और एक जवान मुसाफिर का,
अस्पताल में प्राण छूट गया।

कुछ और गढ्ढे इसके बगल ,
जल्द ही निकल आएँगे।

हमारी खामोशी, लालच को,
लापरवाही को ,जो मुँह चिढ़ाएँगे।

इनको भरने के प्रपंच कुछ,
ठेकेदार भी कर जाएँगे।

पाताल के द्वार,पतन के प्रमाण,
ये सब पनपने बंद करने होंगे।

और जो सड़क बनाते उनसे,
सीधे सवाल-जवाब तय करने होंगे।

32. काला बादल

यह रात का धुँधलापन है या दिन की अमावस है,
खुलकर साँस खींचने की कैसी कसमकस है।

गरदन के चारों ओर बड़ा धूल का गुबार है,
खाँसते-छींकते लोगों की बढ़ती कतार है।

हम दिन रात धुँआ खाए-पिए जा रहे हैं,
अपनी इक जहरीली विरासत बना रहे हैं।

सबके फेफड़े निचोड़ कर तो देखो,
हर जिस्म का प्रदूषण तोल के तो देखो।

सरकार के हरदम नए सौ बहाने हैं,
पड़ोसी सरकार पर दोष मढ़ाने हैं।

पराली हो,मोटर या फिर कारखाने में,
सब लगे हैं जानलेवा भोपाल बनाने में।

33. प्यार की हालत

सुना है,दो बच्चों की माँ,
एक कुँवारे संग भाग गई।

किसी कुँवारी को पाने की हद में,
शादीशुदा की कातिल नीयत जाग गई।

अंतरंग लम्हे इंटरनेट पर अपलोड हो रहे हैं,
कई ब्लैकमेल होकर,संतुलन खो रहे हैं।

इंटरनेट पर नीली सामग्री छाई भरपूर है,
हर कोई छुपकर निहारता इसका सुरूर है।

मुलाकातें बगीचों से ओयो आने लगी हैं,
वफा गुम,बेवफाई बुलंदियाँ पाने लगी हैं।

प्रेम और वासना में बस थोड़ा सा अंतर है,
यह थोड़ा-सा ही सदा से जंतर मंतर है।

34. आनलाइन शोहरत

मेरा पड़ोसी यूट्यूबर मशहूर बड़ा है।

आज उसने पोस्ट किया कि चाकू से हाथ कट गया,
सौ लाइक आए और पचास बोले बहुत अच्छा हुआ।

उसने पड़ोसन संग तस्वीर जो अपनी लगाई,
दो सौ ने पूछा, नया लफड़ा या फिर नई लुगाई?

चालीस दिन अस्पताल में बेबस जब वह पड़ा था,
उसका परिवार ही बस उसके साथ खड़ा था।

कपड़े उतार बस कई लाइक कमाना चाहते हैं,
अपनों को छोड़, दूसरों संग वक्त बिताते हैं।

इस शोहरत के बस दिन चार गजब हैं,
आनलाइन फालोवर्स के भी मिजाज अजब हैं।

35. सफलता की किताबें

आज सफल बनने की कुछ किताबें पढ़ी हैं।
बड़े कठिन शब्द हैं, सब नीरस बढ़ी हैं।

इनमें न तो साबू-चाचा की बेमिसाल जोड़ी है,
ना नागराज के जिंदा नागों की रस्सी है,
ना चालाक बाँकेलाल की खी-खी हँसी है।

इनमें ना तो रातों को बेखौफ डोगा आया है,
ना बदमाशियों से हरदम बिल्लू छाया है,
ना समझदार ध्रुव राजनगर से आया है।

इन सभी किताबों में हर दिन जल्दी उठना है,
तोल मोल कर ही बोलना सबसे,
शरारत छोड़, समझदारी से रहना है।

इन काली सफेद किताबों में लिखा हुआ,
सबसे बस मतलब का धंधा करना है।
टुकड़ों में ही जीना, सपनों पर ही मरना है।

खण्ड ३

खून चूस मच्छर आनंदित ,

मस्त मगन उड़ भिनभिनाता,

फिर सरपट हाथों से पिस जाता है।

बर्बादी का अपना संगीत होता है।

-बर्बादी का संगीत,पेज 81

36. जूँ ! तू कहाँ गई?

बचपन तू सर श्रृंगार थी।
हर घर छोटे-घने,
केशों पर सवार थी।

तेरा विचरण सरपट सर पर,
प्रथम प्रेम का,
स्पंदन-अबोध था।

पिस जाना तेरा नाखूनों से,
विजयी-क्रोध था।

फिर बालों के विग्यान,
का अघोर विकास हुआ।

शैम्पू,तेल,कंघी से तेरा,
नित घर विनाश हुआ।

तुझे मिटाने करोंड़ों का,
बाजारी व्यापार हुआ।

हाय,हर घर की सदस्य तू,

घर घर से विलुप्त हुई।

अब तू बस मैले,बूढ़ों,
बीमारों के सर आती है।

सर की मैल भले ही,
कम हो अब लोगो में।

पर मन की मैल सबकी,
ताउम्र,अनवरत जारी है।

अवतार लेने की फिर से,
आई तेरी बारी है।

37. चूइंग गम

चूइंग गम!
कुछ मिनट तक तेरा,
मुँह में मीठा घुल जाना,
दाँतों से फिर कसरत करवाना।

पचास पैसे,एक रूपए में,
तुझे खरीद कई बार लाया था,
तुझे बाँटते भी इतराया था।

किसी की कौपी में,
किसी की पैंट के पीछे,
मजबूती से चिपक तू जाता था।

और सूखते ही अपनी,
ताकत का एहसास करवाता था।

चबा-चबा तेरा लुत्फ उठाया है,
गुब्बारे बनाकर उड़ाया है।

तूने हमें बचपन ही नहीं,
बड़े होकर भी लुभाया है।

जीवन की कड़वाहट को,
चबा कर थूक देने का,
अनूठा ढंग सिखाया है।

पहले तू मस्ती की प्रतीक था,
और अब जिंदगी जीने का।

38. उड़ता पौलीथीन

हे पौलीथीन!
तू अमर है!
अमर नहीं तो,
उससे भी क्या कम है।

अविनाशी जीवन तेरा,
मस्त-मगन बहना या,
गगन में विचरना तेरा।

तूफानों से आँख मिलाना,
बेखौफ लिपट-लटक या,
सदियों तक दफन हो जाना।

संसार के सारे बीज समेटकर,
जग के सारे अरमान लपेटकर,
तू सुदूर बादल पीछे जाना।

फिर प्रलय बाद धरती पर लहराना,
नव जीवन को, इंसानों की,
काली करतूतें दिखाना।

39. जानवर की जुबान

बंगाली हो या हो गुजराती,
कश्मीरी या हो अन्नामलाई,
अमरीकी हो या फिर हो अफगानी,भाई!

धरती के पशुवों की बोली,
उड़ते परिंदों की सरगम टोली,
कीड़ों का कोलाहल,मेंढकों का टर्राहट,
यह देश,स्थान,मुख देख ना बदले,भाई!

पाकिस्तानी गाय जैसे घास चरे,
हिंदुस्तानी गाय भी विचरे और रंभाए।
यूरोपीय बगुला जैसे मछली ताके,
अजगर पूरा शिकार निगल जाए,भाई!

कुकुर हर देश में वफादार मिलें,
गधे,गधे-सा खूब बोझा उठाए।
कोई उनको पाले प्रेम-लाड़ से,
कोई काटकर मटन बनाए,भाई!

यह सब पशु-बोली हैं,समान व्यवहार
सब प्रेम की सर्वव्यापक भाषा-सी,
जो सब जगह एक-सी बोली जाए,

प्रेम की बोली,प्रकृति भी दर्शाए,भाई!

चार कोस या चार समंदर,
मानव बदले,बोली बदले।
रिश्ते-नाते,भगवान-खुदा बदले,
पर पशु ना बदले,भाई!

पशु जो अपनी बुद्धि लगाए,
उसमें छल,दंभ और दिखावा मिलाए।
तो सब पशुओं की भाषा भी,
चार कोस में बदलती नजर आए,भाई!

40. डायनोसोर आने वाले हैं

दीवारों की कुंद दरारों में,
सदियों मूक छिपकर,
जिनने एकांत प्रवास किया।

फोटो के पीछे रिकार्डिंग,
करने का अनूठा प्रयास किया।

ये जो छिपकलियाँ हमसे,
हरदम भय खाती हैं।

घबराकर कभी-भी,
अपनी दुम गिराती हैं।

सैकड़ों वर्ष तक धरती पर,
इनके पुरखों ने राज किया।

अब बस, ये अपना शरीर,
खूब फुलाने वाली हैं।

यह निरीह छिपकलियाँ,

डायनोसोर बन आने वाली हैं।

डायनोसोर की यह वंशज,
कलयुग मिटाने वाली हैं।

बहुत सुन ली इनने छिपकर,
मूक बन, बातें हमारी।

अब अपनी गरजन से,
ये हमें डराने वाली हैं।

यह निरीह छिपकलियाँ,
डायनोसोर बन आने वाली हैं।

41. हिडन फोल्डर

अंतरंग अभिलाषाओं में,
अतृप्त कुछ पिपाषाओं में।

कुछ जरूरी दस्तावेजों का,
कम्प्यूटर की गहराइयों में,
इक हिडन फोल्डर पनप जाता है।

मोहलत मिलते उस तक जाना,
खोल उसे संयम से पहले,
फिर असंयम से उसे छिपाना।

सीने जिसने कई रहस्य बनाए हैं,
जो दुनिया से नजर बचाए हैं।

हे महाहिम, हिडन फोल्डर!
तूने कई घर ऐसे ही बचाए हैं।

अंतरजाल के मायाजाल में,
अस्तित्व तेरा अविनाशी वाला।

कोई मिल जाएगा,हर रोज,
तुझे बनाने-मिटाने वाला।

42. डिजाइनर पौंधे

रंग बिरंगे गमलों में,
होटल,सड़क,बागों,
बालकनी की शान बन गए।

इन पैंधे के भी अपने,
सीने कुछ अरमान दब गए।

जब किसी पौंधे ने खुलकर,
बढ़ने का प्रयत्न-सा किया।

माली ने उसे वहीं सिरे-बगल,
काट कर नाप दिया।

अपनी पहचान समेटे यह,
दुबके शो पीश रह गए।

पर हमें प्रकृति से जुड़े रहने,
का सुंदर संदेश भी देते गए।

43. आफिस का प्रिंटर

सबके आफिस का प्रिंटर,
सामाजिक सेवा का पर्याय है।

दफ्तर या घरेलू कागज हों,
सबको बिना रंगभेद छापता है।

जिस आफिस में प्रिंटर फ्री हो तो,
हर कर्मचारी बड़ा संतुष्ट दिखाई देता है।

गर खराब हो प्रिंटर तो फिर,
सब कामकाज ठप सुनाई देता है।

पर मंदी में इस पर निगरानी बढ़ती है,
इसके संचालन की गाइडलाइन प्रसारित होती है।

मंदी हटते ही इस पर फिर मनमानी होती है,
इसकी मरम्मत की सबने ठानी होती है।

लोग घरेलू छोटू प्रिंटर जोड़ते हैं,
पर आफिस प्रिंटर से नाता नहीं तोड़ते हैं।

44. मन का दीमक

कोने मन के,नमीं ढूढ,
छिप-बैठ वो,जाता है।

सपनों के,पंख कुतर,
अपने पैर,फैलाता है।

पेंट लगा उसे,हर मैसम,
मैं पोत बहुत आता हूँ।

नई हसरतों का स्प्रे,
छिडक भी आता हूँ।

मन की, सीलन को,
धूप भी दिखलाता हूँ।

जानी दुश्मन ये मेरा,
अपना फर्ज निभाता है।

मन के दीपक से हरबार,
मन के दीमक को हराता हूँ।

45. बर्बादी का संगीत

मस्त मौजों से मल्लाहों को रिझा,
आँखों में लेकिन सैलाब छिपाए,
सागर तटबंधों में भी नावें तोड़ता है।

बर्बादी का अपना संगीत होता है।

प्रेम संगीत का मुखड़ा गुनगुना,
अंजाम से खुद आँखें मूँदकर,
अंत में प्रेमी विरह गीत ही बोलता है।

बर्बादी का अपना संगीत होता है।

विकास-होड़ में लिप्त मानवों के,
दौड़ लगाते मोटर,कारखानों से,
अनियंत्रित शोर,प्रदूषण होता है।

बर्बादी का अपना संगीत होता है।

खून चूस मच्छर आनंदित ,
मस्त मगन उड़ भिनभिनाता,
फिर सरपट हाथों से पिस जाता है।

बर्बादी का अपना संगीत होता है।

46. कृष्ण तेरे उपासक झूठे हैं

दो लटकती लाशें पेड़ पर,
या प्रेमियों का कुचला हुआ सर,
यह खौफनाक मंजर।

टोपी तिलक लगाने वाले,
राधा-कृष्ण हरदम गाने वाले,
फिर भी जात-पात के मतवाले।

कृष्ण तेरे उपासक झूठे हैं।

जात-पात में कई घर,
कई सपने खुद अपने लूटे हैं,
कितने नवअंकुर प्रेमी टूटे हैं।

कृष्ण तेरे उपासक झूठे हैं।

47. प्रेम की गंगा

प्रेम विषय ऐसा है जिसमें,
खूब कहा,बखूब लिखा गया है।

प्रेम के भक्त,त्यागी,शायर,रोगी,
वियोगी,भोगी,कलमकार बड़े हैं,
हर मोड़ प्रेम-पंडित पोथी लिए खड़े हैं।

इसे शून्य,अनंत,बूँद,सागर माना है,
लाखों संदर्भों,व्याख्याएं में प्रेम इक पहेली है,
बातें प्रेम की हर युग, फिर भी नई-नवेली है।

अनादि है,निरंतर है,निर्मल है,
मानो गंगा का अविरल प्रवाहित जल है,
जिस जल समीप,जीव गंगा तट पर आए।

गंगा किनारे कोई जीव अंजुली जल भरे,
कोई प्यास बुझाए,कोई डुबकी लगाए,
कोई तैर पार जाए,तो कोई डूब ही जाए।

कोई जलवेग निकट जाने से घबराए,
तो गंगाजल कोई मलिन कर आए,
पावन समझ कोई,तो बोतल में भर ले जाए।
प्रेम भी जीव का कुछ ऐसा ही है।

48. कोरोना

नील गगन,उड़ते पंछी पूछें,
मानव दुबका दरवाजों में।

धरती पूरी सुनसान,पर भरे पड़े शमशान।

काले बहते वो नाले,फिर नदी सरीखे लगते हैं।
पेड़ों की हरियाली लौटी,ना कारखाने धुँवा उगलते हैं।

फसलें खेतों में सड़ रही,भूखे झुण्ड भटक रहे,
क्या इनकी सरकारें है अनजान।

धरती पूरी सुनसान,पर भरे पड़े शमशान।

क्रंदन,मातम भय के चेहरे भरे पड़े,
जहाँ हम पंछी काटे बेचे जाते,वो बाजार भी सुन्न पड़े।

क्या केई युद्ध हुआ, या़ ईश्वर क्रुद्ध हुआ,
या़ कोई मनुज शैतान।

धरती पूरी सुनसान,पर भरे पड़े शमशान।

हाँ, धरती से कुछ कोरोना..कोरोना ,सुनाई देता है।

पर वो जीव ना कहीं दिखाई देता है।

हम पंछी भी इनकी दशा देख परेशान,
ना मनुष्यों से निष्ठुर पाषाण!

धरती पूरी सुनसान,पर भरे पड़े शमशान।

49. अधूरे काम

वो फूल नहीं फिर चुन पाए,
जो तेरे बालों में सजने थे।

वो पैगाम अधूरे से रह गए,
जो खोल तुम्हें ही पढ़ने थे।

वो पत्ते भी सूखते सूख गए,
जो संग तुम्हारे बगिया में बढ़ने थे।

वो जाम भी गिरकर टूट गए,
जो भरसक तुम्हें देख पीने थे।

वो सच दबाए भूल गए,
जो तुम्हारे कानों में पड़ने थे।

वो लम्हे बचाए रखे घड़ी में,
जो संग तुम्हारे घटने थे।

वो फितरत बचाई रखी हमने,
जो फितूर तुम्हीं पर करने थे।

सब काम अधूरे छोड़े हमने,
जो संग तुम्हारे पूरे करने थे।

50. मेरी नटखट बिटिया

मेरे जीवन के चित्रहार की,
सुंदरतम गीतों की लड़िया,
मेरी नटखट बिटिया।

टीवी से चिपकी,
माँ आँचल दुबकी,मेरे कंधे लटकी,
मेरे पते खुशियों की चिठ्या,
मेरी नटखट बिटिया।

मनमौजी,इठलाती,तुतलाती,
मेरे कदम सुन, टकटकी लगाती,
उड़ती,गाती,मेरी डाली की चिड़िया,
मेरी नटखट बिटिया।

मेरी दाल का नमक,चाय की चीनी,
मेरे जीवन की ,तपती-जलती रोटी में,
मक्खन की टिकिया,
मेरी नटखट बिटिया।

तीन पग वामन ने बाली की नापी धरती,
वो दौड़-दौड़ तीन पग,नापे मेरी कुटिया।
मेरी नटखट बिटिया।